C. LÉANDRE

Paris et La Province

PARIS

F. JUVEN, ÉDITEUR

10, Rue Saint-Joseph, 10

Paris et la Province

C. LÉANDRE

Paris

et

La Province

NOS PRÉSIDENTS. — SÉNATEURS ET DÉPUTÉS. — MA NORMANDIE.
POMPIERS DE PROVINCE.
TEMPÊTES SONORES. — LA MAISON DE MOLIÈRE, ETC.

PARIS

F. JUVEN, ÉDITEUR

10, Rue Saint-Joseph, 10

L'Hiver. — Dis donc, la p'tiote, si tu m'emmenais à la campagne?...
Le Printemps. — T'es pas fou, mon vieux ;... pour faire peur aux moineaux, c'est pas l'moment.

— El l'sôer, j'vas comm' ça la guetter à sa f'nêt', puisqu'à r'coud ses bas...

M. LOUBET, PRÉSIDENT DU SÉNAT

Adieu! la messe, il est bien [illegible] quelque chose.
— Je ne sais rien qu'une cantique.
Chantez-la!

[illegible caption text]

M. FÉLIX FAURE, en tenue d'escrime.

MA NORMANDIE

Il y a cinquante ans, M. Dugrosdoit arrivait à Paris avec ses deux sabots.

MADAME SARAH-BERNHARDT

M. Victorien Sardou
M. François Coppée
M. Henry Bauër
M. Georges Clairin

M. WALDECK-ROUSSEAU.

M. BOULANGER.

M. PAJOT, doyen.

M. BUFFET.   M. CHESNELONG.

M. JULES SIMON.   M. BÉRENGER.

Quand o passe le genou en bolan à deux le lin, une foi à califoir-bin,
S'y aperçois jusqu'aux jarrets, qu'eux biaux pennuiaux d'jamb' qu'ol ai

LE RÊVE DU MARCHAND DE VACHES

MONSIEUR LE CURÉ ET SON CONSEIL DE FABRIQUE

LES ASSISES

A la fin des assises, les juges en ont assez d'être assis.

GENDARMES ET FILLES DE JOIE!

Le général Cluseret.
M. Henry Maret.
Un honorable.
M. Chauvin.
M. Vuillod.
M. Clovis Hugues.
M. Naquet.
M. Goblet.

M. Étienne.

M. Alphonse Humbert et M. Camille Pelletan.

M. Georges Berry.

M. Mesureur.

La correspondance de M. l'abbé Lemire.

M. Barthou et M. Dupuy, effet de dos.

M. Théophile Delcassé.

M. LAMOUREUX LACHANT UN FORTISSIMO

M. EDOUARD COLONNE LAISSANT ECHAPPER UN PIANISSIMO

EFFET DU LATIN ET DU SEL DE CUISINE SUR UN JEUNE GAS NORMAND

M. HENRI LAVEDAN

M. CHRISTOPHLE
GOUVERNEUR HONORAIRE DU CRÉDIT FONCIER

Les autorités civiles et militaires honorent le champ de manœuvres de leur présence.

Une pluie torrentielle ne peut éteindre l'ardeur de ces braves soldats du devoir !

Après avoir rempli l'air d'accords harmonieux les orphéons se dispersent !

CES BONS CHASSEURS

— L'diab' m'enlève ! aussi vrai que j'm'appelle Fouinard, si les lieuvres étaient rablus comme ces bourgeois-là, j's'rais foutu d'prend' un permis.

M. Jules Claretie, administrateur-général.

M. Monval, général-archiviste.

M. Laugier.

M. Mounet-Sully.

M. Worms.

M. COQUELIN-CADET.   Mlle SUZANNE REICHEMBERG.   M. TRUFFIER.

M. PRUD'HON.

M. RAPHAEL DUFLOS.
M. SYLVAIN.

M. ALBERT LAMBERT FILS.
Mlle BRANDÈS.

TABLE DES MATIÈRES

Paris. — Imprimerie PAUL DUPONT, 4, rue du Bouloi (Cl.), 102.4.57.

Paris. — Imp. PAUL DUPONT, 4, rue du Bouloi.